¿Qué fue la era de los dinosaurios?

Megan Stine

ilustraciones de Gregory Copeland

traducción de Yanitzia Canetti

Penguin Workshop

Para Travis—MS

Al padre Pablo, con disculpas—GC

PENGUIN WORKSHOP
Un sello editorial de Penguin Random House LLC
1745 Broadway, New York, New York 10019

Publicado por primera vez en los Estados Unidos de América en inglés como
What Was the Age of the Dinosaurs? por Penguin Workshop, un sello editorial de
Penguin Random House LLC, 2017
Edición en español publicada por Penguin Workshop, 2025

Traducción al español de Yanitzia Canetti

Visítenos en línea: penguinrandomhouse.com.

Los datos del registro de la Catalogación en la Publicación (CIP) de la Biblioteca del
Congreso están disponibles.

Impreso en los Estados Unidos de América

ISBN 9780593891209   10 9 8 7 6 5 4 3 2 1 CJKW

El representante autorizado en la UE para la seguridad y cumplimiento de este producto es
Penguin Random House Ireland, Morrison Chambers, 32 Nassau Street,
Dublin D02 YH68, Irlanda, https://eu-contact.penguin.ie.

Contenido

¿Qué fue la era de los dinosaurios?

En 1822 vivía en Sussex, Inglaterra, un joven médico rural llamado Gideon Mantell. Él atendía partos y trataba a personas con enfermedades graves.

Gideon Mantell

Pero Mantell tenía otra pasión. Desde su infancia coleccionaba fósiles (restos antiguos de plantas y animales muertos). Siempre que podía, pasaba tiempo cavando cerca de los acantilados de la costa de Inglaterra. Al principio, lo que desenterraba eran pequeños trozos de huesos fósiles, pero después comenzó a encontrar huesos más grandes, realmente grandes. Eran demasiado grandes para pertenecer a cualquier animal conocido. Incluso los huesos de elefante habrían sido más pequeños.

Entonces un día, Mary, la esposa de Mantell, encontró unos enormes dientes fósiles y se los llevó a su marido.

¿Qué era aquello? ¿Qué clase de animal podría tener dientes tan grandes como esos? Mantell no sabía qué pensar. Habló con otros científicos. No se ponían de acuerdo sobre lo que eran. A un hombre llamado William Buckland le habían dado unos huesos enormes. Los estudió durante seis años y finalmente concluyó que pertenecían a un lagarto gigante que nadie había visto antes. Buckland lo llamó *Megalosaurus*, que significa "gran lagarto".

Megalosaurus

Mantell le preguntó a Buckland sobre los enormes dientes que había encontrado. Pero Buckland no creía que provinieran de una criatura similar a su *Megalosaurus*. ¡Dijo que eran de un pez!

Después Mantell fue a un museo y observó otros fósiles y esqueletos de animales. Los dientes que había encontrado eran iguales a los dientes de las iguanas, pero mucho más grandes. Si vinieran de una iguana, ¡tendría que haber tenido unos sesenta pies de largo! ¡Tan larga como una casa!

De repente, Mantell se dio cuenta de algo emocionante. Al igual que Buckland, había descubierto un nuevo tipo de animal que nadie conocía. Decidió llamarlo *Iguanodon*.

Iguanodon

Ni Mantell ni Buckland comprendieron que se habían topado con un grupo de animales completamente desconocido. La palabra *dinosaurio* aún no se había inventado y no se inventaría hasta veinte años después. Pero eso es lo que eran *Megalosaurus* e *Iguanodon*. A principios del siglo XIX, nadie se daba cuenta de que, en tiempos prehistóricos, animales gigantescos habían vagado por la Tierra. Pero muy pronto se encontraron otros fósiles y, poco a poco, los científicos comenzaron a unir las piezas de un mundo perdido hace mucho tiempo: la era de los dinosaurios.

Cómo se forman los fósiles

Cuando una planta o un animal muere en un ambiente acuoso, queda enterrado en el barro y el limo. El tejido blando se pudre, y quedan los huesos duros o las conchas. Con el tiempo, estos se cubren por más capas de tierra, que se transforman en roca y encierran los restos: el fósil.

A los científicos que estudian los fósiles se les llama paleontólogos. El nombre proviene de la palabra *paleo*, que significa antiguo o del pasado lejano de la Tierra.

CAPÍTULO 1
El mundo prehistórico

Hace 230 millones de años comenzó la era de los dinosaurios. Las primeras crías de dinosaurio sacaron la cabeza de sus huevos y miraron a su alrededor en busca de algo para comer.

La Tierra era un lugar muy diferente entonces. América del Norte no existía. Tampoco África ni Europa. Los siete continentes que conocemos hoy en día estaban agrupados en una enorme masa de tierra que llamamos Pangea.

Pangea estaba rodeada de agua por todos lados. Su centro era un desierto caluroso, donde casi nada podía sobrevivir. Un océano gigante cubría el resto de la Tierra. Cerca de las costas, el océano enfriaba el aire. El aire y el agua fríos hicieron posible el desarrollo de fabulosas formas de vida.

Pangea

Los helechos, bosques de pinos y palmeras crecían
en las costas. El musgo cubría las rocas. Arañas y
escarabajos reptaban de un lado a otro.

El océano estaba lleno de vida. Había enormes reptiles nadadores, animales parecidos a lagartos y tortugas, solo que más grandes. Algunos, llamados ictiosaurios, se parecían mucho más a los delfines o peces. Eran depredadores que cazaban peces. Otros, llamados plesiosaurios, parecían tortugas gigantes sin caparazón con cuellos muy largos. Es posible que comieran ictiosaurios bebés para alimentarse.

Ictiosaurios

Plesiosaurio

Los reptiles dominaban la Tierra en ese momento. No había ninguno de los animales actuales: ni perros, gatos, jirafas, monos, ni simios. Ni siquiera había pájaros, ¡y definitivamente no había personas! Era principalmente un mundo de reptiles, aunque los reptiles antiguos no eran los mismos reptiles que conocemos hoy.

Este fue el comienzo de la era mesozoica. Comenzó hace 250 millones de años. Duró hasta que los dinosaurios se extinguieron, hace unos 65 millones de años.

La era mesozoica se divide en tres partes: Triásico, Jurásico y Cretácico. Los primeros dinosaurios aparecieron en la última parte del Triásico, hace unos 230 millones de años. Permanecieron en la Tierra durante unos 165 millones de años.

¿Cuándo apareció el primer dinosaurio? Es difícil saberlo con certeza, porque los dinosaurios evolucionaron a partir de otros reptiles a lo largo de millones de años. Pero el más antiguo fue probablemente el *Eoraptor*, un pequeño animal que pesaba entre ocho y veintidós libras. Con dientes afilados, patas y garras largas, era un depredador pequeño, rápido y mortal. Vivía en los bosques, donde se alimentaba de criaturas más pequeñas y tal vez de plantas.

Eoraptor

Con el paso de millones de años, surgieron diferentes tipos de dinosaurios. ¿Cómo sucedió eso? La respuesta está en la evolución.

Evolución es el nombre que se da a los cambios que se producen en los seres vivos a lo largo del tiempo. Charles Darwin fue un científico del siglo XIX que estudió la naturaleza. Escribió un famoso libro sobre la evolución de las especies. Dijo que, en cada especie, unos miembros sobrevivirían

Charles Darwin

más que otros. Los que sobrevivieron fueron los que mejor se adaptaron a su hábitat. Vivieron lo suficiente para tener bebés que nacieron con los mismos rasgos fuertes. Los animales de la misma especie sin esos rasgos no vivieron tanto. Con el tiempo, se extinguieron.

Darwin explicó que durante miles y millones de años, se desarrollaron todas las especies, entre ellas los seres humanos, que evolucionaron a partir de criaturas parecidas a los simios.

Especie

¿Qué es una especie? Es un grupo de animales que tienen muchas características comunes. Para pertenecer a la misma especie, los animales del grupo deben ser capaces de aparearse entre sí y tener crías que luego puedan tener más crías. Un caniche y un labrador cobrador son perros los dos. No se parecen mucho, pero pertenecen a la misma especie, *Canis lupus familiaris*. Esto se debe a que los dos perros pueden tener cachorros entre ellos, que a su vez pueden tener sus propios cachorros.

Un caniche, un labrador cobrador y un labraniche

CAPÍTULO 2
Los primeros dinosaurios

La mayoría de los primeros dinosaurios eran criaturas pequeñas como una mascota. Pero a lo largo de millones de años, aparecieron dinosaurios

más grandes. El *Herrerasaurus,* del Triásico, medía quince pies y pesaba cuatrocientas cincuenta libras. No era tan grande como los dinosaurios posteriores, pero era mucho más grande que el *Eoraptor.* Cuando *Herrerasaurus* se preguntó qué cenaría, ¡*Eoraptor* pudo haber sido la respuesta!

Herrerasaurus

En el período triásico, muchos dinosaurios eran depredadores (mataban a otras criaturas para alimentarse). Algunos tenían los dientes ganchudos. Podrían haberlos usado como anzuelos para atrapar peces. Otros dinosaurios del Triásico comían tanto animales como plantas.

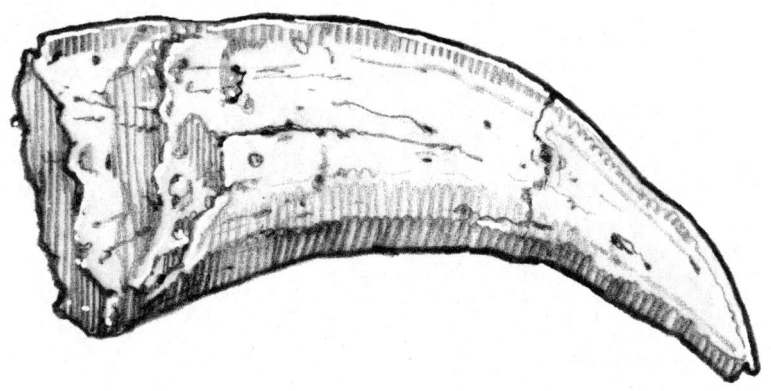

Con el paso de millones de años, el enorme continente llamado Pangea se fragmentó lentamente. A finales del Triásico, se dividió en dos continentes separados, uno en el norte y otro en el sur. Los dinosaurios vivieron en ambas zonas.

En ese momento existían dos continentes, con más costas. El clima cambió, llovió más, por lo que las plantas pudieron crecer más. Los animales tenían más alimento.

Todo, de hecho, estaba a punto de cambiar.

El mundo jurásico estaba a punto de comenzar.

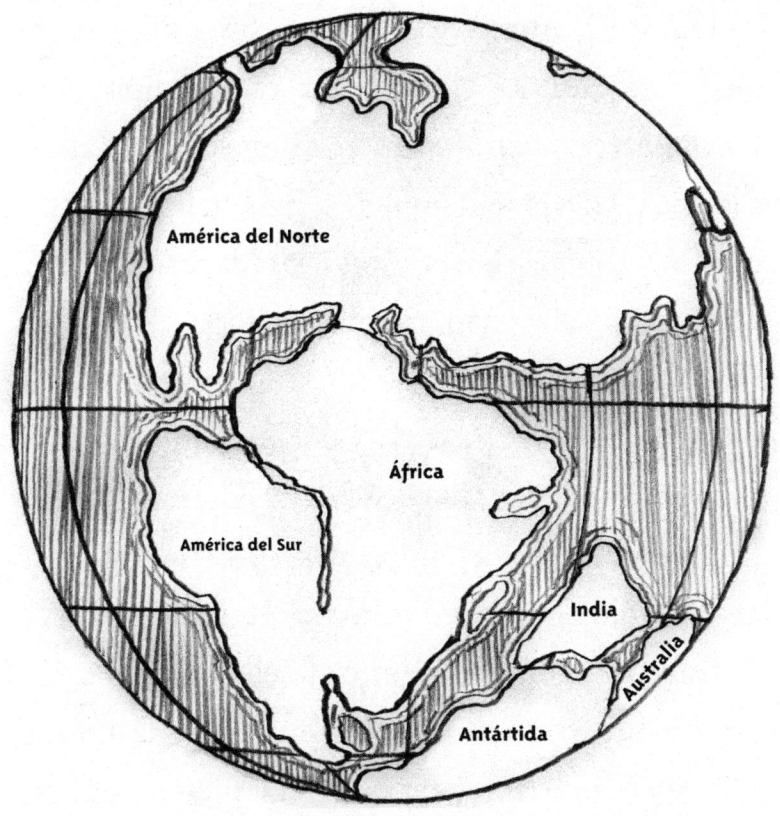

Pangea dividiéndose en continentes separados

CAPÍTULO 3
El mundo jurásico

El período jurásico comenzó hace 200 millones de años y duró unos 55 millones de años. El mundo cambió en ese tiempo. Los continentes continuaron separándose. Las plantas y los animales evolucionaron. Los helechos y los árboles crecieron más altos. Había exuberantes selvas tropicales con mucha comida. Pero esta estaba en las copas de los árboles altos. Por lo tanto, los dinosaurios con cuellos largos tenían más posibilidades de sobrevivir. Algunos de los dinosaurios más grandes con los cuellos más largos evolucionaron durante el período jurásico.

El *Brachiosaurus* fue uno de ellos. Vivió en lo que hoy es América del Norte durante la última parte del Jurásico. Con ochenta pies o más de largo, ¡el dinosaurio tenía la longitud de dos autobuses escolares! Tenía dientes en forma de cuchara muy buenos para arrancar las hojas de las ramas. ¡El *Brachiosaurus* se comía unas doscientas sesenta libras de hojas todos los días! ¿Te imaginas cuánta caca producía?

Es increíble pensar que los dinosaurios vegetarianos crecieron más que los viciosos comedores de carne, ¡pero es cierto!

Cómo se nombran los dinosaurios

Los dinosaurios suelen tener dos nombres, como *Tyrannosaurus rex*. El primero se llama nombre del género y te dice qué tipo de dinosaurio es. El segundo es el nombre de la especie.

Antes, los científicos nombraban a los dinosaurios según su apariencia. *Brachiosaurus* significa 'lagarto de brazo'. Este nombre se debe a sus largas patas delanteras. Pero a menudo, los nombres eran incorrectos. *Oviraptor* significa 'ladrón de huevos'. Este nombre se debe a que se encontró un *Oviraptor* cerca de un nido. Pero ellos no robaban huevos, se posaban sobre estos. Pero ¡el nombre se quedó!

Hoy en día, una nueva especie suele recibir el nombre del lugar donde se encontraron sus fósiles o de la persona que los encontró. Es costumbre hacer que los nombres suenen como griego o latín. Por eso son tan difíciles de pronunciar.

Oviraptor

El mundo jurásico fue hogar de muchos tipos diferentes de dinosaurios. Uno de los dinosaurios más famosos de América del Norte fue el brontosaurio. Vivía en el área que ocupa hoy Wyoming, Utah y Colorado, y deambulaba comiendo todas las plantas que veía. ¡Con sus patas enormes y gruesas, pudo haber derribado todos los árboles que hubiera querido comer!

El diplodocus era un enorme herbívoro con una hilera de espinas en la cola. Si un dinosaurio carnívoro más grande se acercaba, ¡el diplodocus podría mover su cola como un látigo!

¿Había algún carnívoro en América del Norte que pudiera amenazar a un diplodocus o un brontosaurio? Sí. El depredador más feroz durante el Jurásico fue el alosaurio. Solo pesaba alrededor de una tonelada y media y medía veintiocho pies de largo, ni de lejos tan grande como un

diplodocus. Pero tenía dientes y garras afiladas que podían destrozar la garganta de otro dinosaurio. Se han encontrado muchos huesos de herbívoros con marcas de mordeduras de dientes de alosaurio.

También había pequeños carnívoros durante el Jurásico. El *Compsognathus* fue uno de ellos. Vivió en lo que hoy es Alemania y Francia, y fue uno de los dinosaurios más pequeños de la historia. Medía unos cuatro pies de largo, pero la mayor parte de su longitud estaba en la cola. El cuerpo, el cuello y la cabeza tenían solo unos dos pies de largo. Con unas cinco libras, pesaba un poco más que un pollo asado. ¿Qué comía? Probablemente lagartijas y otros animales pequeños. También es posible que se haya comido una criatura llamada *Archaeopteryx*, que podría haber sido la primera ave.

Durante el Jurásico, los mares todavía estaban llenos de plesiosaurios de cuello largo. Habían existido desde el período triásico y permanecerían toda la era de los dinosaurios.

Los dinosaurios con púas, placas y plumas aparecieron por primera vez en el Jurásico. El estegosaurio fue un herbívoro que vivió en lo

que hoy es Colorado, Utah y Wyoming. Tenía placas puntiagudas en forma de abanico a lo largo de su lomo. Las placas parecían armaduras, pero en realidad eran demasiado blandas para hacerle daño a otros dinosaurios. Es posible que las placas cambiaran de color. Tal vez eso ayudaba a los estegosaurios a encontrarse para aparearse. El estegosaurio tenía una cabeza diminuta y un cerebro muy pequeño. Como especie, no duró mucho. Los estegosaurios existieron "solo" durante unos 30 millones de años. Se extinguieron mucho antes que los otros dinosaurios.

Con el paso del tiempo, habría cientos de de dinosaurios diferentes: pequeños animales correteando y enormes máquinas de matar. Pero el dinosaurio más famoso y brutal de todos los tiempos no apareció en el período jurásico.

No, el mundo tenía que cambiar un poco más antes de que apareciera el *T. rex*.

CAPÍTULO 4
Dueños del mundo

En las películas parece que los dinosaurios más interesantes vivieron en el período jurásico. Pero el Jurásico no fue el punto culminante de la era de los dinosaurios. El dinosaurio más feroz y famoso de todos los tiempos, el *Tyrannosaurus rex*, no apareció hasta el período cretácico. *Cretácico* no es una palabra fácil de leer, deletrear o pronunciar. ¡No es de extrañar que Hollywood no la usara!

El Cretácico fue la época en la que los dinosaurios realmente dominaron el mundo.

¿Por qué?

Todo lo relacionado con la vida en el Cretácico se adecuaba a los dinosaurios. Los continentes se habían separado aún más. El globo terráqueo tenía casi el mismo aspecto que hoy. América del Norte, América del Sur, África y Eurasia eran continentes separados.

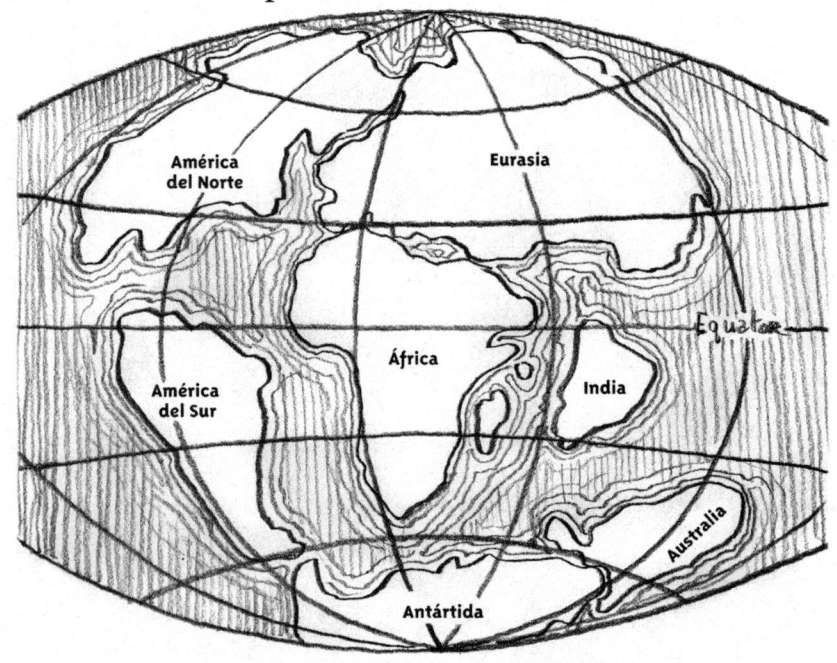

Los continentes a finales del Cretácico

¿Cómo pueden moverse los continentes?

Durante millones de años la Tierra ha cambiado. Los volcanes entran en erupción. Los terremotos dividen partes de esta. Se forman montañas. Todo esto sucede porque la superficie de la Tierra no es sólida. Está formada por plataformas móviles, llamadas placas tectónicas. Poco a poco, mientras las placas se mueven, la Tierra cambia de forma. La Tierra sigue cambiando, y los continentes siguen separándose aun hoy en día.

Grieta por un terremoto

A medida que la Tierra cambiaba de forma, el clima continuaba cambiando, y era diferente en las zonas norte y sur del planeta. Crecieron nuevos tipos de plantas. Se cree que, por primera vez en la historia, aparecieron las flores.

Aun así, el paisaje del Cretácico no se parecía al mundo de hoy. Había más helechos y pinares que ahora. Hacía más calor que ahora. El aire era húmedo en muchos lugares. Los dinosaurios prosperaron en ese ambiente cálido y húmedo.

Con más plantas para comer, los dinosaurios herbívoros evolucionaron. Los titanosaurios aparecieron en el Jurásico y existieron durante todo el período cretácico. Eran similares a los braquiosaurios, pero más grandes.

Titanosaurio

En 2011 se encontraron huesos de una nueva especie de titanosaurio. Los encontró un trabajador agrícola en la Patagonia, América del Sur. ¡El fémur era más alto que un hombre! El dinosaurio medía 122 pies de largo y 65 pies de alto. Era más largo que una cancha de baloncesto. Probablemente pesaba unas ochenta y cinco toneladas. Todavía no han nombrado a esta nueva especie de titanosaurio. Es probable que elijan un nombre que honre a la región y a los propietarios de las granjas que lo descubrieron.

Durante el período cretácico, los dinosaurios evolucionaron en muchas formas diferentes. Algunos tenían púas en la cabeza, o coronas de plumas con volantes. Otros tenían alas. Muchos dinosaurios estaban cubiertos de plumas.

Con más herbívoros vagando por la Tierra, había más animales para que los carnívoros se alimentaran, por lo que todos comían muy bien.

El Cretácico duró casi 80 millones de años. En ese período aparecieron varios mamíferos pequeños. Los mamíferos son un grupo de animales (perros, gatos, elefantes, ratones y seres humanos) cuyas crías nacen vivas, y la mayoría no pone huevos. Todavía no había grandes mamíferos, pero sí criaturas diminutas como ratones, que comían insectos y vivían en los árboles.

Maotherium, un mamífero del Cretácico.

Las aves también surcaron los cielos durante esta época. Además, había reptiles voladores gigantes, llamados pterosaurios. El más grande conocido era un depredador llamado *Quetzalcoatlus*. ¡Tenía una envergadura de casi cuarenta pies! Imagínate un animal enorme y hambriento con un pico largo y puntiagudo. Se eleva por encima de tu cabeza y luego se abalanza para matarte. *Quetzalcoatlus* era más grande que un avión pequeño, ¡y habría querido comerte!

Dragones en el cielo, monstruos en los mares

En China, la gente ha contado historias sobre dragones por miles de años. Por muchos siglos, los dragones han aparecido en el arte chino como símbolo de fuerza. ¿Por qué? Los primeros chinos pueden haber encontrado esqueletos de pterosaurios. O pueden haber encontrado restos de velociraptores, que se parecen mucho a los dragones. Como no sabían nada sobre

Velociraptor

dinosaurios ni pterosaurios, la gente podría haber inventado historias sobre estas bestias fantásticas.

En Escocia, durante mucho tiempo, se han contado historias sobre un monstruo que vive en el lago Ness. Se dice que el monstruo es una serpiente enorme, como un plesiosaurio de cuello largo. Los científicos no creen que el monstruo del lago Ness

haya existido. Pero es fácil ver de dónde ha venido el mito. Hubo un tiempo en que existieron criaturas marinas gigantes de cuello largo. Los huesos de un antiguo plesiosaurio pueden haber despertado los miedos o la imaginación de alguien.

Otro temible dinosaurio del período cretácico fue el *Utahraptor*. Vivía en el Oeste norteamericano. Medía veintitrés pies de largo y ocho pies de alto. Era tan grande que apenas cabría en la sala de la casa de la mayoría de las personas. El *Utahraptor*

tenía enormes garras en las patas. Podría perseguir
a su presa y luego destrozar a su víctima con ellas.
O podría inmovilizar al otro animal mientras le
arrancaba trozos de carne.

Los *Utahraptores* eran más del doble de grandes que los velociraptores, que vivían en lo que hoy es Mongolia. Pero los velociraptores eran muy feroces. Se ha encontrado un grupo de huesos que muestra una batalla a muerte entre un velociraptor y un protoceratops. El protoceratops medía ocho pies de largo, tenía una cabeza enorme, un cuello con volantes, patas traseras fuertes y un pico

como el de un loro. Los esqueletos se conservaron tal como murieron, en pleno combate. ¡La pata con garras del velociraptor está clavada justo en el cuello del protoceratops!

Pero el dinosaurio más feroz de todos los tiempos evolucionó hacia el final del Cretácico, el final de la era de los dinosaurios.

Era el *Tyrannosaurus rex.*

CAPÍTULO 5
¡Aquí viene el *T. rex*!

El *Tyrannosaurus rex* fue el rey del período cretácico. Era una increíble máquina de matar que vivía en lo que es hoy el Oeste norteamericano. El *T. rex* fue el asesino más fuerte de la historia. Tenía una mandíbula enorme y poderosa y los dientes más grandes que cualquier dinosaurio carnívoro. Sus dientes tenían forma de hojas de cuchillo en los jóvenes y adquirían la forma de cono en los adultos. ¡Algunos eran tan grandes como plátanos!

El verdadero poder que tenía el *T. rex* era la fuerza de su mordida, ¡era tres veces más fuerte que la de un gran tiburón blanco! ¿Por qué era tan fuerte? No era solo por su gran mandíbula. Tenía un enorme hueso en el cuello que le daba la fuerza para morder muy profundamente a su presa.

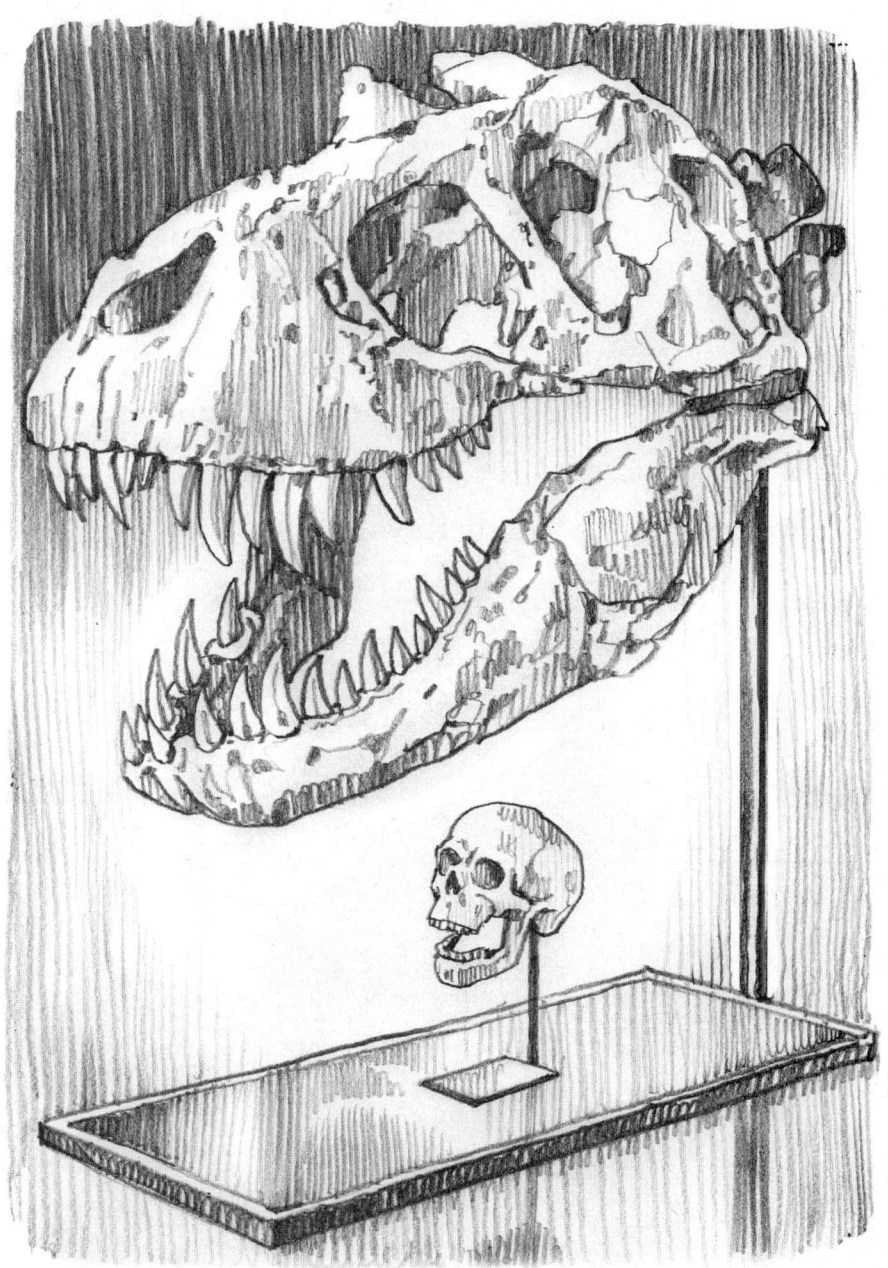

La fuerza de la mandíbula del *T. rex* y el tamaño de su enorme cabeza le valieron el título de "rey". (*Rex* significa 'rey' en latín). También era el rey de los dinosaurios porque era el depredador más grande de América del Norte en ese momento. Podía matar dinosaurios que pesaban dos o tres veces más que él. El triceratops, el dinosaurio de tres cuernos, fue una de sus víctimas. El triceratops era un herbívoro que tenía unos

treinta pies de largo y pesaba diez toneladas. Se han encontrado algunos huesos de triceratops con marcas de mordidas de *T. rex.*

Los *T. rexes* y otros carnívoros pueden haber cazado juntos en manadas, como lobos. Los más pequeños eran más rápidos que sus padres. Aunque los padres tenían mandíbulas más poderosas para matar, los más jóvenes pueden haber sido mejores para perseguir las presas. ¡Trabajo en equipo!

El *Giganotosaurus*, cuyos restos se encuentran en la actual América del Sur, era un depredador mayor que el *T. rex.* Pesaba casi ocho toneladas

Giganotosaurus

y medía cuarenta y tres pies de largo. Tenía la mandíbula más grande que el *T. rex*, ¡podía comerse a un hombre de un solo bocado!

¿El *T. rex* y el *Giganotosaurus* alguna vez pelearon entre sí? No.

Además de provenir de diferentes continentes, vivieron en diferentes épocas del Cretácico. Recordemos que el período duró casi 80 millones de años.

El Cretácico fue

T. rex

una época asombrosa: abarcó millones de años de evolución de los dinosaurios. En ese tiempo, aparecieron los dinosaurios con pico de pato. Eran herbívoros con cientos de dientes en la boca, todos alineados en filas. ¡Podían reemplazar sus dientes cada vez que se les caían!

Uno de los dinosaurios más rápidos también apareció durante el Cretácico. Llamado *Dromiceiomimus*, era algo parecido a un enorme avestruz con una cola y brazos largos.

Dromiceiomimus

Microraptor

Y el dinosaurio más pequeño también apareció en ese tiempo. El *Microraptor* pesaba solo dos libras, ¡aproximadamente del tamaño de un gatito de tres meses! Vivía en lo que actualmente es China. Tenía plumas y cuatro alas. Probablemente podía volar o planear.

Algunas especies de dinosaurios de períodos anteriores permanecieron en el Cretácico. Un grupo de dinosaurios carnívoros llamados abelisaurios vivió durante todo el período. Los abelisaurios eran rápidos y despiadados. Podrían perseguir a las crías de dinosaurio, incluso las de titanosaurios, y comérselas. Existían de varios tamaños, desde setenta libras hasta varias toneladas. Con patas delgadas y colas largas, ¡se parecían más a caimanes gigantes con patas de bailarina!

Los abelisaurios tuvieron el reinado más largo de todos los dinosaurios en la Tierra. Perduraron desde principios del Jurásico hasta finales del Cretácico. O sea, unos 118 millones de años.

Abelisaurio

Por supuesto, ningún dinosaurio vivió millones de años. Los dinosaurios más pequeños pueden haber vivido solo unos pocos años, y los más grandes podrían haber vivido veinte o treinta años. Los más grandes y lentos podrían haber vivido hasta cincuenta años o más. Los científicos no lo saben con certeza, y algunos piensan que los herbívoros más grandes podrían haber vivido un siglo.

¿Qué hacían los dinosaurios durante el día? Los grandes herbívoros tenían que pasar la mayor parte del tiempo comiendo plantas y árboles. Los carnívoros, cazando otras criaturas.

Por el pequeño tamaño de sus cerebros, sabemos que los dinosaurios no pensaban mucho. Actuaban por instinto, no tomaban decisiones. (Los instintos son comportamientos innatos, no aprendidos). Los instintos les decían que comieran para seguir vivos.

Cazar, comer, dormir. Eso era todo en la vida de un dinosaurio, excepto por una cosa importante: los dinosaurios tenían bebés.

¿Cómo dormían los dinosaurios?

Deben haber descansado o dormido, pero no sabemos mucho sobre cómo lo hacían. Parece imposible que un animal gigantesco como el *Titanosaurus* pudiera acostarse. De hecho, si un animal tan grande se cayera, ¡la caída lo mataría! Se aplastaría a sí mismo con su propio peso. Pero se ha encontrado un esqueleto de dinosaurio en posición de dormir en China. *Mei long* era un pequeño dinosaurio parecido a un pájaro que pesaba alrededor de una libra y medía un pie de altura. Cuando se descubrió el esqueleto, tenía el hocico metido debajo de uno de sus brazos. Sus patas estaban dobladas debajo del cuerpo, tal como se posan las aves. Los científicos chinos encontraron un segundo esqueleto en la misma posición, una prueba más de que se trataba de una posición para dormir. Los dinosaurios estaban posados cuando murieron.

Esqueleto de *Mei long* encontrado en posición de dormir

CAPÍTULO 6
Bebés de dinosaurios

Al igual que los reptiles y las aves de hoy, los dinosaurios ponían huevos. Sus huevos variaban mucho en tamaños y formas. Algunos tenían forma de bola, como una toronja. Otros eran óvalos alargados y estrechos, como pelotas de fútbol. Algunos huevos tenían protuberancias en la superficie.

Todos los huevos los ponían en el suelo. Algunos eran enterrados en el lodo. Otros eran colocados en un nido de barro en forma de cuenco. Algunos dinosaurios ponían sus huevos en un círculo, en forma de flor. Otros podrían haber enterrado sus huevos largos verticalmente en el suelo.

Los huevos de dinosaurio más grandes jamás encontrados tenían veintiuna pulgadas de largo. Sin embargo, estos no eran de los dinosaurios más grandes. Eran del *Gigantoraptor*, que aunque pesaba más de una tonelada, no era ni de lejos tan grande como los herbívoros gigantes cuyos huevos pesaban apenas dos libras cada uno. En el desierto de Gobi se encontró un nido con huevos de *Gigantoraptor*. ¡El nido tenía diez pies de ancho!

Los huevos de dinosaurio más pequeños miden menos de una pulgada, y fueron encontrados en China. Los científicos no están seguros, pero creen que los huevos podrían venir de un *Microraptor*.

Algunos dinosaurios se acurrucaban en sus nidos igual que las aves. Esto se sabe porque se han encontrado nidos fosilizados con esqueletos de dinosaurios adultos encima o cerca. Un esqueleto mostraba los brazos emplumados del dinosaurio cruzados sobre el nido. Era un *Oviraptor*. Es posible

que también haya cuidado de los bebés después de nacidos. Los dinosaurios con pico de pato probablemente cuidaban sus nidos y alimentaban a las crías. Uno de estos se encontró en Montana y se llamó *Maiasaura*, que significa 'lagarto de la buena madre'. ¿Por qué? Porque parece que permanecía con las crías durante mucho tiempo después de su nacimiento.

Pero los dinosaurios realmente grandes, como el brontosaurio o el *Diplodocus*, es más probable que pusieran sus huevos y se marcharan. ¿Por qué? Porque eran tan grandes que habrían pisado accidentalmente sus propios huevos o bebés si se hubieran quedado. Era mejor que la madre se apartara del camino.

¿Qué tamaño tenían los bebés? El *Argentinosaurus* fue uno de los dinosaurios más grandes de todos los tiempos, era tan alto como un edificio de seis pisos. Sus crías pesaban unas once libras cuando nacían, mucho más que la mayoría de los humanos al nacer. Y ya tenían dientes.

En la Patagonia, América del Sur, se encontró un enorme sitio de anidación. ¡Había decenas de miles de huevos, en un área de una milla cuadrada! Por supuesto, tantos huevos no eran de un solo dinosaurio. Cada dinosaurio ponía docenas de huevos. Se cree que muchos dinosaurios utilizaron ese lugar para poner sus huevos. Es posible que haya sido un sitio de anidación durante miles de años.

Iguanodontes y nidos de huevos

Una vez que eclosionaban, muchas crías de dinosaurio crecían rápidamente. Un joven *Mamenchisaurus* o *Titanosaurus*, por ejemplo, podría haber aumentado hasta dos toneladas (cuatro mil libras) cada año.

No todos los dinosaurios tenían dientes al eclosionar. Pero es posible que tuvieran el llamado "diente de huevo", igual que los pichones al nacer. Es un diente afilado en el pico del pichón. Lo utilizan para abrir su camino hacia afuera. Se cae pocos días después de que el pichón eclosiona.

Diente de huevo

La mayoría de los dinosaurios ponían muchos huevos. Por lo tanto, aunque unos pocos huevos eclosionaran, o solo unos pocos bebés sobrevivieran, la especie seguiría existiendo. Eso explica por qué los dinosaurios sobrevivieron tantos millones de años.

Pero los dinosaurios no fueron eternos. ¿Por qué?

CAPÍTULO 7
Extintos

No importa a dónde viajes en la Tierra, nunca te encontrarás con ningún *T. rex* ni titanosaurio.

Entonces, ¿qué fue lo que pasó? ¿Por qué se extinguieron los dinosaurios? Lo cierto es que han ocurrido grandes eventos de extinción en el planeta, en los que muchas formas de vida se han extinguido de una sola vez. Los científicos piensan que las extinciones son causadas por una catástrofe gigante, un evento terrible que cambia instantáneamente la vida en la Tierra.

Se cree que el evento que mató a los dinosaurios fue un enorme asteroide que cayó en la Tierra hace unos 65 millones de años. Medía entre seis y ocho millas de diámetro, ¡el tamaño de una montaña! Cuando golpeó la Tierra, creó

un cráter gigantesco, un agujero en forma de plato, que se encuentra en México. Es difícil medirlo porque parte de él está bajo el agua. Pero tiene por lo menos sesenta millas de ancho. Cuando el asteroide golpeó la Tierra, causó tanto daño que mató a la mayoría de las formas de vida existentes.

¿Cómo pudo un asteroide haber causado tanto daño en todo el planeta? Por un lado, la fuerza del asteroide que chocó con la Tierra fue enorme. Era cinco mil millones de veces más poderoso que las bombas nucleares que se lanzaron sobre Japón al final de la Segunda Guerra Mundial. (Esas bombas arrasaron dos ciudades y mataron a más de doscientas mil personas). El impacto generó una nube de polvo caliente tan vasta, que pudo haber dado la vuelta a la Tierra en menos de una hora. Creó un manto de aire caliente que provocó incendios forestales. Es posible que la mitad de los bosques de la Tierra se hayan quemado. Muchos miles de animales deben haber muerto en los incendios.

El impacto del asteroide fue tan fuerte que hizo que las placas de la superficie terrestre se movieran, desencadenando una serie de terremotos. Los volcanes entraron en erupción por todas partes. También provocó enormes olas

en el océano llamadas tsunamis. Las olas ahogaron a miles de formas de vida que vivían cerca de la costa.

La erupción de fuego y cenizas de los volcanes mató y sepultó a los dinosaurios y a todas las formas de vida cercanas. La nube de polvo en el cielo tapó el sol durante meses. El invierno fue muy frío. Las plantas murieron sin suficiente luz. Cualquier dinosaurio herbívoro que sobrevivió al impacto, murió de

hambre cuando las plantas se extinguieron. Al morir los herbívoros, los dinosaurios depredadores tenían menos alimento, por lo que también murieron.

Solo unas pocas formas de vida sobrevivieron, incluyendo cocodrilos, pequeños mamíferos, insectos y aves. Las aves podían moverse muy rápido y sobrevivieron a las duras condiciones.

Asteroides y otras rocas espaciales

Los asteroides son rocas gigantes que orbitan el Sol. Los hay de millas de diámetro. Los meteoroides son rocas pequeñas que vuelan por el espacio.

Cuando los meteoroides pequeños entran en la atmósfera terrestre, se queman y los llamamos meteoros o "estrellas fugaces". Pero los meteoroides grandes o asteroides pueden sobrevivir y llegar al suelo. Entonces les cambiamos el nombre y los llamamos meteoritos. Miles de meteoritos han golpeado la Tierra, pero la mayoría de ellos son pequeños. Ocasionalmente, un meteorito cae sobre una vaca y la mata.

Pero cuando un asteroide o meteorito grande impacta la Tierra, deja un gran cráter, igual que los que formaron la figura del "hombre en la luna".

Algunos científicos predicen que los asteroides gigantes, que pueden causar una extinción, caen cada 100 millones de años. ¿Cuándo caerá el próximo? La última extinción fue hace 65 millones de años. Tenemos que esperar 35 millones de años.

La Gran Mortandad

Lo creas o no, ocurrió una extinción masiva aún mayor antes de que existieran los dinosaurios. Más de la mitad de la vida en la Tierra fue exterminada. Casi todas las especies oceánicas y los insectos fueron destruidos. Dos tercios de las especies terrestres se extinguieron. La mayoría de las plantas desaparecieron. Se requirieron unos 10 millones de años para que la Tierra volviera a llenarse de seres vivos. Esta extinción es llamada la "Gran Mortandad". Marcó el final de la época anterior a la llegada de los dinosaurios y el comienzo del Mesozoico.

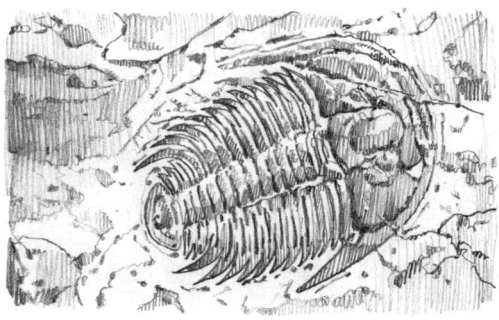

Una cosa es cierta: lo que sea que destruyó a los dinosaurios allanó el camino para la vida humana en la Tierra. Al concluir la era de los dinosaurios, comenzó una nueva era: la de los mamíferos. Si los dinosaurios hubieran sobrevivido, los seres humanos probablemente nunca habrían evolucionado. La Tierra sería un lugar muy diferente.

CAPÍTULO 8
Se encuentran los huesos

Los dinosaurios desaparecieron de la Tierra hace 65 millones de años. Pero quedaron sus huesos. Con el tiempo, los huesos quedaron sepultados bajo capas de tierra y barro. Luego, las capas se convirtieron en roca. Los huesos se convirtieron en fósiles.

Pasaron millones y millones de años. Los humanos modernos aparecieron en la Tierra hace solo unos doscientos mil años. Y solo hace unos diez mil años que surgieron las primeras civilizaciones. Durante ese tiempo nadie tenía idea de que el mundo prehistórico había existido. Si los antiguos encontraron huesos de dinosaurios, no tuvieron ni idea de lo que habían descubierto.

Luego, en el siglo diecisiete, se descubrió

un hueso de dinosaurio. Era un fémur enorme, encontrado en Cornualles, Inglaterra. Se lo llevaron a un profesor llamado Robert Plot. Plot analizó el hueso durante mucho tiempo. ¿De qué animal podría ser? Sabía que era demasiado grande para provenir de un caballo. ¿Sería de un elefante que alguien había traído a Inglaterra hace

cientos de años? No. Era más grande que un hueso de elefante. Solo había una respuesta, concluyó. ¡Debe ser de un humano gigante! Era más fácil que la gente creyera eso que imaginara que existió un animal como un dinosaurio.

Cien años más tarde, se descubrieron huesos más grandes en Inglaterra. En 1842, Gideon Mantell encontró y nombró al *Iguanodon*. William Buckland nombró al *Megalosaurus*.

De repente, todos estaban interesados en encontrar fósiles más gigantescos y huesos desconocidos. Pero ¿qué eran estas criaturas gigantes? ¿Eran reptiles? Mantell y Buckland observaron los huesos y pensaron que eran lagartos gigantes. Pues el *Iguanodon* tenía el mismo tipo de dientes que una iguana, solo que más grandes.

Pero poco a poco, los científicos cambiaron su forma de pensar y comenzaron a entender algo asombroso. Tal vez no eran versiones más grandes de especies que aún existían. Tal vez eran especies enteras de animales que habían vivido mucho tiempo antes, pero ya se habían ido. ¡Tal vez eran animales que se habían extinguido!

En 1842, al biólogo Richard Owen se le ocurrió un nombre para ese grupo de animales extintos. Los llamó Dinosauria, que significa 'lagarto terrible'.

Richard Owen

A Owen lo contrataron para montar una exhibición que mostrara la historia de la Tierra. Trabajó con Benjamin Waterhouse Hawkins. Juntos crearon enormes esculturas huecas de dinosaurios, o de cómo Owen pensaba que estos habían sido. Las maquetas de tamaño natural se exhibieron en los jardines del Palacio de Cristal de Londres. Era una enorme sala de vidrio para

exposiciones. En la víspera de Año Nuevo de 1853, Owen invitó a un grupo de científicos y otros invitados importantes a una cena. ¡La cena se celebró dentro de la escultura gigante del *Iguanodon*!

Después de exhibirse las enormes esculturas de dinosaurios en Londres, todos enloquecieron por ellos. La locura se llamó "dinomanía".

Mary Anning, la niña que buscaba dinosaurios
(1799-1847)

Los hombres no fueron los únicos buscadores de fósiles. Una joven llamada Mary Anning y su hermano Joseph fueron entrenados por su padre para buscar fósiles. La familia de Mary era pobre, por lo que vendían las conchas y los huesos a turistas y científicos, para ganar dinero.

Cuando Mary tenía once años, su padre murió. ¡Por esa época, ella y su hermano encontraron un esqueleto de ictiosaurio completo! Coleccionó huesos de dinosaurio toda su vida. Los científicos le compraban lo que encontraba. ¡Fue la primera en encontrar un fósil de caca antigua! También halló el primer esqueleto completo de plesiosaurio descubierto en Inglaterra. Además, encontró un pterosaurio. Mary tenía un profundo conocimiento de los esqueletos que descubría. Sabía que estaba encontrando especies diferentes nunca vistas. Pero era una mujer de origen pobre y sin educación. A las mujeres no se les permitía unirse a la Sociedad Geológica de Londres en ese tiempo, así que nunca recibió todo el crédito que merecía por sus descubrimientos.

Mary Anning

CAPÍTULO 9
La guerra de los huesos

En las décadas de 1870 y 1880, la dinomanía llegó a América del Norte. La búsqueda de huesos de dinosaurios se convirtió en un negocio serio. Era una batalla entre feroces competidores, igual que entre el *T. rex* y el triceratops.

Los dos estadounidenses en el centro de la batalla fueron Edward Drinker Cope y Othniel Charles Marsh. Se convirtieron en adversarios.

Edward Drinker Cope y Othniel Charles Marsh

Cada uno quería ser el primero en encontrar y nombrar el próximo dinosaurio. Su rivalidad se conoció como la "guerra de los huesos".

Marsh era sobrino de George Peabody, un hombre rico. Cope también venía de una familia adinerada. Ambos podían viajar por el mundo buscando huesos de dinosaurios.

Al principio eran amigos. Pero se convirtieron en enemigos acérrimos cuando Cope encontró un esqueleto de plesiosaurio.

Cope lo expuso en un museo. Pero cuando juntó los huesos, ¡puso la cabeza en el extremo equivocado! Marsh le señaló el error y se lo contó a todos. Después de eso, los hombres pasaron sus vidas tratando de vencerse el uno al otro para encontrar los mejores huesos de dinosaurio.

Marsh le jugó muchas malas pasadas a Cope. Cope tenía un equipo buscando huesos de dinosaurios, pero no estaba con los trabajadores todo el día. Entonces Marsh les pagó para que le dieran los huesos que encontraran. Marsh incluso destruyó algunos sitios de excavación, ¡para evitar que Cope encontrara fósiles en ellos!

Marsh era muy ingenioso para conseguir lo que quería. Por ejemplo, se hizo amigo del jefe indio Nube Roja, quien le indicaba dónde buscar huesos de dinosaurio. También sobornó a los constructores de los ferrocarriles en todo Estados Unidos. Ellos le avisaban cuando encontraban fósiles interesantes, sin que Cope se enterara.

Cope trató de vengarse de Marsh contándole a los reporteros de los periódicos todas las cosas deshonestas que Marsh había hecho.

Al final, ambos terminaron en bancarrota. Pero eso resultó ser algo bueno para la ciencia. Cope y Marsh encontraron tantos fósiles de dinosaurios porque trabajaban duro para vencerse uno al otro en la "guerra de los huesos". Marsh descubrió el estegosaurio, el alosaurio, el brontosaurio y el diplodocus, algunos de los dinosaurios norteamericanos más conocidos. Cope encontró el primer *Coelophysis*, un pequeño carnívoro que vivía en Nuevo México. Muchos de los esqueletos encontrados por Marsh se exhiben en el Museo Peabody de Historia Natural de la Universidad de Yale.

Coelophysis

CAPÍTULO 10
Secretos en los huesos

¿Qué pueden aprender los científicos sobre los dinosaurios al observar los fósiles encontrados por Marsh, Cope y otros? A partir de los fósiles, pueden averiguar cómo se movían, cuánto comían, cuánto pesaban y qué tan rápido podían correr.

Para averiguar cuán rápido se movían los dinosaurios, los paleontólogos observan las huellas. Estas son marcas fósiles conservadas en piedra. Si están muy separadas, el dinosaurio era grande o corría rápido, o ambas cosas. Huellas grandes y profundas indican cuánto podría haber pesado.

Las huellas también revelan otros secretos sobre la vida de los dinosaurios. Nos dicen si deambulaban solos o en grupos. Los paleontólogos pueden deducir que los dinosaurios más grandes, como los braquiosaurios, los diplodocus y los brontosaurios, pueden haber vivido en manadas. Pero los rebaños estaban separados por edad. Los adultos formaban un grupo, mientras que los más jóvenes formaban otro.

¿Por qué?

Estos gigantescos herbívoros tuvieron que comer mucho para crecer tanto. Tal vez un diplodocus más joven no podía alcanzar los árboles altos donde se alimentaban los adultos. No tendría sentido que los dinosaurios más jóvenes salieran con sus padres si no podían alcanzar la comida.

Los paleontólogos deducen cuán rápido se movían los dinosaurios al analizar la forma de las articulaciones de sus patas. Sus patas tenían que ser flexibles para moverse rápidamente. A partir de los esqueletos, sabemos que muchos dinosaurios podían empinarse sobre sus patas traseras, ¡como un caballo! Y muchos corrían tan rápido que todas sus patas despegaban del suelo al mismo tiempo. El *T. rex* probablemente corría a dieciséis millas por hora.

Braquiosaurio comiendo

¿Cuántos años tiene ese dinosaurio?

Los paleontólogos pueden calcular cuándo vivió un dinosaurio observando los fósiles y las capas de rocas donde se encontró el fósil del dinosaurio.

Triásico, Jurásico y Cretácico son los nombres de los períodos de tiempo. Pero también son los nombres de capas de rocas en la superficie de la Tierra. Cada capa de roca tiene fósiles, por lo que cada una cuenta la historia de la Tierra.

Cretácico

Jurásico

Triásico

La capa superior es la más reciente. Pero si excavas en la tierra, encuentras capas de roca más antiguas. Los fósiles en las rocas muestran qué tipo de plantas y animales vivieron en el pasado. Cuanto más profundo caves, más viejas serán las rocas, porque las capas se han ido acumulando con el tiempo.

Para determinar exactamente cuándo vivió un dinosaurio, los paleontólogos buscan lo que llaman "fósiles índice" enterrados en la misma capa de roca que el dinosaurio. Un fósil índice es un fósil de alguna especie que solo vivió durante cierta época. Por ejemplo, una pequeña criatura oceánica, un pez o una rana, que solo vivió unos pocos millones de años en el período jurásico. Si se encuentra una rana en la misma capa de roca donde se encuentra un dinosaurio, entonces ambas especies deben haber vivido al mismo tiempo.

Los esqueletos nos dicen que muchos dinosaurios tenían grandes aberturas nasales, por lo que debían tener un buen olfato. Sus cuencas oculares eran grandes, por lo que debían tener buena vista, como las aves. Por los huesos sabemos que algunos tenían colas flexibles en forma de látigo. Otros tenían colas rígidas con las que mantenían el equilibrio. La mayoría llevaba la cola hacia arriba, no la arrastraban.

Los dinosaurios tenían brazos flexibles. En algunos, como el *Zhenyuanlong suni*, ¡sus brazos se convirtieron en alas! Otros movían los brazos hacia los lados. Podían extender la mano y atrapar rápidamente a su presa.

Al estudiar los dientes y el cuerpo, los científicos pueden deducir qué comía un dinosaurio. ¿Tenía grandes mandíbulas, dientes afilados y puntiagudos y poderosas garras? Era probablemente una gran máquina de matar, que atacaba a otros animales y se comía las presas.

Los huesos de dinosaurios nos dicen casi todo lo que sabemos sobre estos animales.

También nos dicen algo increíble: ¡que algunos dinosaurios están vivos hoy en día!

CAPÍTULO 11
¿Se extinguieron realmente los dinosaurios?

¿Es posible que los dinosaurios sigan vivos? No solo es posible, sino que es absolutamente cierto. Los dinosaurios prehistóricos de los que has oído hablar se extinguieron por completo hace 65 millones de años. Pero los dinosaurios voladores todavía están aquí. ¡Son los pájaros!

Así es. Por extraño que parezca, los científicos se han dado cuenta de que las aves son en realidad dinosaurios. ¿Por qué? Porque ambos evolucionaron a partir de los mismos antepasados.

Los científicos clasifican a los seres vivos en grupos o clases. Deciden a qué grupo pertenece una especie por sus rasgos físicos. Un grupo grande son los tetrápodos, que tienen una columna vertebral y cuatro extremidades. ¡Pero eso es

un grupo enorme! Incluye desde tortugas hasta caballos y personas. Así que los grupos grandes se dividen en grupos más pequeños. Los mamíferos son un grupo más pequeño. Los dinosaurios son otro.

¿Los dinosaurios emitían sonidos?

Esa es una pregunta difícil de responder. Los científicos solo pueden conjeturar basados en animales similares a los dinosaurios. Como las aves están muy relacionadas con los dinosaurios, y estas emiten sonidos, es posible que los dinosaurios también lo hicieran. Pero los dinosaurios también están muy relacionados con los reptiles, que no emiten sonidos. Se cree que algunos dinosaurios emitían un sonido al respirar a través de las crestas de su cabeza, ¡algo así como soplar un cuerno! La mejor suposición es que los dinosaurios podrían haber hecho algún sonido, pero probablemente débil.

Puede parecer extraño afirmar que las aves son dinosaurios, pero las aves y los dinosaurios tienen mucho en común. Los dos tienen huesos huecos. Los dos ponen huevos. Los dos tienen plumas.

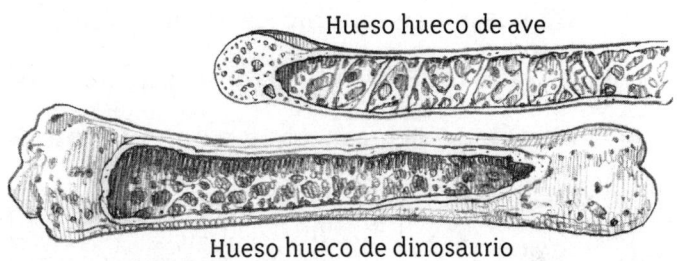

Hueso hueco de ave

Hueso hueco de dinosaurio

Es asombroso pensar que algunas criaturas sobrevivieran cuando el asteroide golpeó la Tierra, hace 65 millones de años. Pero sucedió. Las aves no necesitaban comer tanto como los dinosaurios, y podían volar y escapar de la peor parte del desastre. Volar las ayudaba a cazar para alimentarse. Otros animales pequeños también sobrevivieron.

Así que la próxima vez que quieras ver una criatura que vivió cuando vivían los dinosaurios, simplemente mira hacia el cielo. Probablemente haya un dinosaurio volando sobre ti ahora mismo.

El Jurásico en el cine

En 1993 se estrenó una película llamada *Jurassic Park*. Está basada en un libro de Michael Crichton. Tuvo un éxito tan grande que se filmaron tres películas más. Se planean otras para el futuro. Se

hicieron populares los vídeo juegos, los juguetes y las camisetas basadas en *Jurassic Park*. A todos les gustó la idea tras la película. ¿No sería increíble clonar dinosaurios y ponerlos en un parque

temático? Pero las películas no eran exactas. Pues se cree que es imposible clonar dinosaurios. La idea de la clonación de dinosaurios surgió en 2016 cuando se encontraron los restos de una *T. rex* embarazada en Montana. Los escritores de ciencia ficción se preguntaron si el ADN de la *T. rex* sería utilizable. (El ADN es el código de las células vivas que determina el crecimiento). Pero el ADN se descompone después de unos pocos cientos de años. Por lo tanto, es imposible clonar un dinosaurio.

Además, las películas muestran enormes velociraptores. Pero los velociraptores eran mucho más pequeños y probablemente tenían plumas. Las criaturas mostradas en las películas se parecían más a un dinosaurio llamado *Deinonychus*.

Es un honor que una especie de dinosaurio lleve tu nombre. Un dinosaurio encontrado en Utah iba a ser nombrado en honor a Spielberg, el director de la primera película *Jurassic Park*. El dinosaurio

Steven Spielberg

sería llamado *Utahraptor spielbergi*. Los científicos esperaban que Spielberg donara dinero a la investigación de los dinosaurios. Cuando no lo hizo, nombraron al nuevo dinosaurio en honor a otras dos personas. Uno de ellos era científico. El otro era un hombre que hacía modelos de dinosaurios para zoológicos y museos.

Cronología de la era de los dinosaurios

252 Ma	La Gran Mortandad (1 Ma = 1 millón de años)
250 Ma-200 Ma	Período triásico
230 Ma	Aparecen los primeros dinosaurios
200 Ma-145 Ma	Período jurásico
145 Ma-65 Ma	Período cretácico
65 Ma	Extinción masiva de dinosaurios
Década de 1670 A. D.	Hallan un fémur de dinosaurio en Inglaterra
1810-1811	Mary Anning encuentra un esqueleto de ictiosaurio
1822	Gideon Mantell encuentra dientes del *Iguanodon*
1842	Richard Owen crea el nombre Dinosauria
1853	Cena en la escultura del iguanodón en el Palacio de Cristal
Décadas de 1870 y 1880	La dinomanía se extiende a América del Norte
	Guerras de huesos entre Cope y Marsh
1993	Se estrena la película *Jurassic Park*
2011	Se encuentran huesos de un nuevo tipo de titanosaurio en la Patagonia
2015	Se estrena la película *Jurassic World*
2016	Se exhibe el esqueleto del titanosaurio en el American Museum of Natural History en la ciudad de Nueva York

Cronología del mundo

4567 Ma	Formación del sistema solar
4500 Ma	Formación de la Tierra
3000 Ma	Aparecen ancestros de animales, hongos y plantas
375 Ma	Aparecen los vertebrados con patas
125 Ma	Aparecen plantas con flores
45 Ma	Grupos de mamíferos modernos están presentes
Hace 200 000 años	Aparecen los humanos modernos
Hace 71 000 años	Invención del arco y la flecha
Hace 5500 años	Invención de la rueda
1500 a. C.	Edad del Bronce en la agricultura en Europa
594 a. C.	Auge de la democracia en Grecia
105 A. D.	Se fabrica el papel en China
1760	Comienza la Revolución Industrial
1776	Comienza la Guerra de Independencia de EE. UU.
1814	George Stephenson construye la primera locomotora de vapor
1869	Se funda el American Museum of Natural History
1945	Comienza la era atómica, primera explosión nuclear
1957	Comienza la era espacial, lanzamiento del Sputnik
1989	Se inventa la World Wide Web
2007	Apple lanza el primer iPhone

Bibliografía

*Libros para jóvenes lectores

*Morgan, Ben, and Caroline Bingham, ed. *Dinosaurs: A Visual Encyclopedia*. New York: DK Publishing, 2011.

Paul, Gregory S. *The Princeton Field Guide to Dinosaurs*. Princeton, NJ: Princeton University Press, 2010.

Paul, Gregory S., ed. *The Scientific American Book of Dinosaurs*. New York: St. Martin's Press, 2000.

Pim, Keiron. *Dinosaurs—The Grand Tour*. New York: The Experiment, 2014.